- En cadeau -

LA VERSION AUDIO DU LIVRE

COMMENT ÇA MARCHE ?

1

Téléchargez l'app
Quelle Histoire

2

Déverrouillez
votre livre

3

Écoutez
votre histoire

Disponible sur App Store

DISPONIBLE SUR Google Play

Application compatible toutes tablettes et smartphones
à partir de iOS 8 et Android 4.4.

- Collection -
THÉMATIQUES

Complétez votre collection sur

www.quellehistoire.com

- Collection -

PERSONNAGES

Complétez votre collection sur

www.quellehistoire.com

Quelle Histoire

Édition et conception : Unique Heritage Editions SAS. 141, boulevard Ney 75018 Paris
Illustrations : Bruno Wennagel, Mathieu Ferret, Guillaume Biasse, Mathilde Tuffin
Textes : Clémentine V. Baron
Édition : Leslie-Fleur Picardat
Direction artistique : Kagna Toung
Maquette : Marie Colas

Siège social : 141, boulevard Ney 75018 Paris

www.quellehistoire.com

Fabriqué par Labelfab / Imprimé en France par Stin Imprimerie - Toulouse

Dépôt légal janvier 2017

Loi n°49-956 du 16 juillet 1949 sur les publications destinées à la jeunesse

PEFC 10-31-2841

FABRIQUÉ EN FRANCE

DINOSAURES

L'épopée des grands reptiles

Des os de dragons

Il y a 1700 ans, les Chinois découvrent dans le sol des ossements d'animaux gigantesques qu'ils attribuent à des dragons. Ils ne le savent pas, mais ce sont sûrement des fossiles de dinosaures ! Des années plus tard, au début du XIXe siècle, un Anglais, Gideon Mantell, trouve une dent qui ressemble à celle d'un iguane, mais 20 fois plus grande. À quel étrange animal peut-elle bien appartenir ? Ce n'est qu'en 1842 que Richard Owen, un autre scientifique, invente le nom « dinosaure » pour désigner ces grosses bêtes, ce qui signifie « lézard terriblement grand » !

Le travail des paléontologues

Chaque année les paléontologues, les spécialistes des dinosaures, découvrent de nouvelles espèces. On en connaît déjà plus de 1000 ! Ils travaillent sur des fossiles, c'est-à-dire des ossements ou des empreintes de pas conservés dans des roches très anciennes. Avec de la patience, ils reconstituent les squelettes que tu peux voir dans les musées. Cela prend des mois, voire des années ! Petit à petit, on en apprend un peu plus sur ces fabuleux animaux qui ont vécu sur la Terre bien avant notre ère.

Incroyable non ?

L'apparition des dinosaures

Pour que les dinosaures puissent apparaître sur la Terre, il a d'abord fallu que naisse la vie... Les premiers organismes vivants sont nés dans l'eau il y a 3,5 milliards d'années. Et ils sont microscopiques ! Puis ils grandissent et évoluent, prenant la forme d'éponges, de méduses, de poissons... Des espèces vont ensuite sortir de l'eau et se diversifier. Après quelques millions d'années, on trouve alors sur Terre plusieurs familles d'animaux : des mammifères, des amphibiens, des insectes et, surtout, des reptiles... Ce sont eux qui vont donner naissance aux dinosaures il y a 235 millions d'années.

C'est quoi un dinosaure ?

Tu l'as compris, les dinosaures sont des reptiles, mais attention, tous les reptiles de cette époque ne sont pas des dinosaures ! Il existe un grand nombre d'espèces, chacune ayant ses propres caractéristiques. Il y a des carnivores, des omnivores ou des herbivores ; des bipèdes ou des quadrupèdes ; des gigantesques ou des minuscules... Ils vont régner sur notre planète pendant 160 millions d'années, une ère que l'on appelle Mésozoïque. Et cette ère dure si longtemps que les scientifiques ont décidé de la diviser en trois périodes : Trias, Jurassique et Crétacé.

Le plus ancien : l'Eoraptor

C'est en Argentine, en 1991, qu'a été découvert le plus ancien dinosaure connu : l'Eoraptor. Ce reptile, dont le nom signifie « chasseur de l'aube », a vécu il y a environ 230 millions d'années, au début du Trias. Et il n'est pas très grand : il mesure moins de 1 m de haut, ne pèse pas plus de 10 kg. On sait qu'il se déplace sur deux pattes et qu'il est omnivore, c'est-à-dire qu'il mange un peu de tout, comme toi ! Il cueille des feuilles et des fruits, mais il aime aussi grignoter de petits animaux, sur lesquels il bondit… Une fois sa proie attrapée, il la maintient entre ses griffes pour pouvoir plus facilement la dévorer !

Le plus long : le Diplodocus

Le Diplodocus, qui a vécu en Amérique du Nord à la fin du Jurassique, peut mesurer 26 m de long et peser jusqu'à 22 tonnes. S'il est si connu, c'est grâce à son long cou, qui peut atteindre les 6 m ! Par contre, il ne peut pas le redresser, alors ce grand herbivore se contente de manger des fougères au sol. Sa queue est un vrai atout : incroyablement longue, elle est composée de 80 vertèbres ! Il s'en sert comme un fouet pour faire fuir ses ennemis. Un autre dinosaure pourrait le battre : l'Amphicœlias, dont on estime la taille à 60 mètres… Mais c'est difficile à dire car on en a retrouvé qu'une seule vertèbre !

Un dur à cuire : le Stegosaurus

Le Stegosaurus vit lui aussi à la fin du Jurassique. Ce dinosaure herbivore peut mesurer 9 m de long et peser 3 tonnes. Son nom signifie « reptile à toit ». Tu sais pourquoi ? Parce qu'il a sur son dos une double rangée de plaques osseuses... Une vraie armure ! Et si ça ne suffit pas, il peut assommer ses ennemis avec sa queue hérissée de pointes, une arme redoutable qui peut blesser les plus vaillants chasseurs ! Mais le Stegosaurus préfère rester tranquille. Il passe son temps à chercher des fougères, qu'il avale goulûment sans les mâcher.

La star : le Tyrannosaurus

Impossible de parler des dinosaures sans mentionner le Tyrannosaurus ! C'est l'un des prédateurs les plus féroces du Crétacé. D'ailleurs, son nom signifie « lézard tyran ». Il mesure 13 m de long, 4 m de haut et pèse 5 tonnes environ. Grâce à son odorat remarquable, il peut flairer sa proie, puis courir vite sur ses grandes pattes arrière pour l'attraper. Ensuite, il se sert de ses griffes acérées pour la déchiqueter et ouvre grand sa gueule aux dents pointues pour l'avaler : 70 kg de viande en une seule bouchée ! Cette créature terrifiante a inspiré le cinéma, on le retrouve par exemple dans le film *Jurassic Park*.

Ce ne sont pas des dinosaures

Les dinosaures cohabitent avec d'autres reptiles, des grands animaux marins ou volants. Ils ont tout l'air de dinosaures et vivent à la même époque, mais ils ne sont pas de la même famille. Dans les airs, on trouve des Ptérodactyles, majestueux avec leurs longues ailes, ou bien des Germanodactylus, avec une crête sur la tête. Et au fond des mers, on peut observer des Ichthyosaurus aux allures de dauphins ; des Liopleurodon, de terribles prédateurs aquatiques ; ou des Leedsichthys, sûrement les plus grands poissons que la Terre ait jamais connus. Mais rappelle-toi, ce ne sont pas des dinosaures !

La disparition des dinosaures

Il y a 65 millions d'années, un astéroïde s'écrase sur la Terre, soulevant énormément de poussière. Celle-ci se répand dans l'atmosphère et cache la lumière du soleil pendant plusieurs mois ! Les végétaux sont les premiers à mourir. Bientôt, les herbivores ne trouvent plus de nourriture, puis c'est au tour des carnivores. La chaîne alimentaire s'effondre ! Cela cause la disparition de 75 % des espèces vivant à la fin du Crétacé. Tous les dinosaures meurent, à part les oiseaux... Eh oui, nos oiseaux actuels appartiennent à la famille des dinosaures ! Quelques petits mammifères échappent aussi à la mort : ce sont eux qui, à force d'évolution, donneront naissance aux singes, puis aux hommes...

-5 milliards d'années

-4,5 milliards d'années
Formation de la Terre.

-3,5 milliards d'années
Apparition de la vie.

-252 millions d'années
Début du Mésozoïque et du Trias.

-235 millions d'années
Apparition des premiers dinosaures.

-200 millions d'années
Fin du Trias, début du Jurassique.

-145 millions d'années
Fin du Jurassique, début du Crétacé.

-66 millions d'années
Disparition des dinosaures non-aviens, fin du Mésozoïque.

-300 000
Apparition d'*Homo sapiens.*

Vers 300
Mention de la découverte d'os de dragons dans un texte chinois.

1822
Découverte d'une dent d'iguanodon par Gideon Mantell.

1842
Invention du nom « dinosaure » par Richard Owen.

1853
Chaire de paléontologie créée au Museum d'histoire naturelle de Paris.

1878
Découverte du Diplodocus.

1905
Découverte du Tyrannosaurus.

1991
Découverte de l'Eoraptor.

2000

La Pangée
1
2
3
4
5
6

Légende de LA CARTE

1 La Pangée

À l'époque où les dinosaures apparaissent, la Terre est très différente ! Il n'y a qu'un seul supercontinent appelé « Pangée ». Il se craquelle au cours du Mésozoïque pour donner les cinq continents.

2 La Panthalassa

Autour du continent unique, la Pangée, se trouve un océan global : la Panthalassa. Des millions d'années plus tard, quand les continents se sont écartés, de nouvelles mers sont apparues.

3 Les volcans

Au temps des dinosaures, la Terre connaît une activité volcanique très importante. Ces éruptions modifient constamment le paysage en donnant naissance à des montagnes et des îles.

4 Le climat

Le climat est très variable, mais beaucoup plus chaud qu'aujourd'hui ! Il n'y a ni glaciers ni banquises, mais des zones douces et humides près des côtes et des déserts au centre de la Pangée.

5 La flore

En dehors des déserts, la Terre est recouverte de très grandes forêts de conifères et de ginkgos. Les sols sont tapissés de mousses et de fougères, il n'y avait ni herbes ni fleurs !

6 La faune

Les dinosaures ne sont pas les seuls habitants de la planète au Mésozoïque. Ils cohabitent avec d'innombrables variétés d'insectes, de mammifères, de reptiles et de poissons de toutes sortes.

Quelques dinosaures...

Le Velociraptor

(75 millions d'années)

Star de cinéma depuis *Jurassic Park*, il est en réalité beaucoup plus petit que dans le film et recouvert de plumes... Le Velociraptor ressemble à un gros poulet ! Il n'en reste pas moins un redoutable prédateur.

Le Parasaurolophus

(75 millions d'années)

Il porte une longue crête osseuse sur la tête. Au début, les chercheurs croyaient qu'il l'utilisait pour respirer, aujourd'hui ils pensent qu'il s'en servait plutôt pour produire des sons, comme une trompette.

Le Triceratops

(68 millions d'années)

Ce dinosaure herbivore de la fin du Crétacé est bien protégé grâce à sa collerette et ses trois cornes sur la tête. Ces dernières lui servent à se défendre contre des prédateurs comme le Tyrannosaurus.

Le Spinosaurus

(95 millions d'années)

Ce dinosaure est gigantesque ! Il a de longues épines, formant une voile, dans son dos. Il mange surtout du poisson et passe beaucoup de temps dans l'eau. On dit que c'est un nageur hors pair.

Le Jeu du

CHERCHE & TROUVE

Cherche et trouve les éléments suivants dans le décor de droite :

Le Tyrannosaurus

Le palmier malade

Le bébé perdu

L'Archaeopteryx

L'œuf jaune

L'œuf violet

L'œuf bleu

Le dinosaure repu

John Hammond

Le squelette de dinosaure

Le dinosaure coincé

Les traces de pas

La crotte de dinosaure

L'ammonite

La plante jaune

La plante rouge

La plante bleue

Le fossile

L'aileron

L'intrus

Le Jeu des 7 ERREURS

Trouve les 7 différences entre l'image de gauche et l'image de droite.

Solution : le Diplodocus, la crête de l'Allosaurus, l'Archaeopteryx, le mille-pattes, les cailloux, le rocher, l'arbre.

Le Jeu du

LABYRINTHE

Aide le dinosaure à trouver le chemin de son œuf.

Solution : le bon chemin est le numéro 1.

Le Jeu des
OMBRES

Retrouve la bonne ombre du Velociraptor.

Bonne réponse : l'ombre e.

Le Jeu du

QUIZ

1. Quelle période n'appartient pas au Mésozoïque ?

a. Le Trias

b. Le Jurassique

c. Le Crétacé

d. Le Carbonifère

2. Combien d'espèces de dinosaures sont connues aujourd'hui ?

a. 10

b. 100

c. 1 000

d. 10 000

3. Qu'est-ce qui a causé la disparition des dinosaures ?

a. Une tornade

b. Un astéroïde

c. Une tempête

d. Une avalanche

Bonnes réponses : 1.d / 2.c / 3.b

- Collection -
ENCYCLOPÉDIES

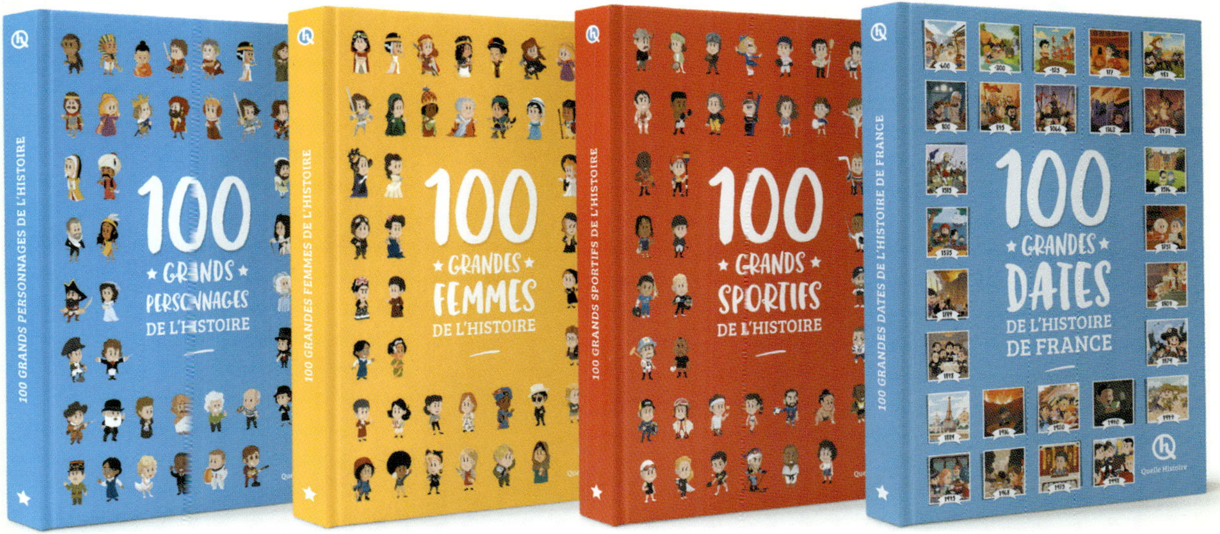

Chers parents, vous aimez Quelle Histoire ? Rejoignez-nous sur les réseaux sociaux !